AF440345

LA NOUVELLE
TRIPLE ALLIANCE

PAR

A. GAR:

PARIS

E. DENTU, LIBRAIRE-ÉDITEUR

Palais-Royal, 15, 17, 19, galerie d'Orléans

—

1884

LA NOUVELLE

TRIPLE ALLIANCE

PAR

A. GAR:

———— ❧ ❧ ————

PARIS

E. DENTU, LIBRAIRE-ÉDITEUR

Palais-Royal, 15, 17, 19, galerie d'Orléans

1884

LA

NOUVELLE TRIPLE ALLIANCE

1

Il y a peu d'événements historiques dont le caractère fût plus tranché, plus décisif, et dont les conséquences eussent été moins contestées, que celui de la Triple Alliance. Les trois Souverains du Nord, les deux Empereurs et un Roi, se sont ligués pour mettre une digue au progrès des idées modernes. Ils ont poursuivi l'esprit révolutionnaire et démagogique sous toutes ses faces, sous tous ses aspects. Ils ont soutenu les Trônes qui chancelaient et jeté le gant à tout le programme de libertés constitutionnelles. Battus en brèche, attaqués sans trêve ni merci par les Peuples affamés de liberté, ils ont su résister énergiquement. Le vieux prince Metternich était l'homme d'État, par excellence, de la Triple Alliance, et l'Empereur Nicolas le Souverain-type. Il est impossible d'aller plus loin dans la voie de conservation sociale et politique que ne sont allés les organisateurs et les continuateurs de la Triple Alliance.

Mais, malgré ses assises de granit, tout cet échafaudage s'est écroulé. Le génie de la liberté a brisé les chaînes, et une nouvelle Europe s'est formée peu à peu. La France a eu le temps de faire quelques révolutions et jeter quelques Dynasties à bas. L'Italie a renversé tous les Trônes de ses petits Princes et s'est constituée dans un seul État indépendant. Une série de guerres a changé les relations de l'Allemagne avec l'Autriche, et finalement l'Empire Allemand, tel que nous le voyons maintenant, a été fondé sur la base de la centralisation des pouvoirs publics et du militarisme à outrance.

La face de l'Europe a été changée entièrement par suite de ces événements, et la constellation européenne ne pouvait plus supporter l'existence de la Triple Alliance. Non seulement que l'alliance entre les trois Empires a cessé d'exister, mais même elle a été remplacée par un état d'hostilité latent.

Et cela se conçoit facilement.

L'alliance ne peut exister qu'entre égaux, et elle s'appuie sur l'échange de services mutuels. Elle ne tolère ni domination exclusive d'un des alliés, ni la subordination de tous au bon plaisir d'un État.

C'est cela cependant qui avait lieu dernièrement. L'Empire Allemand, le dernier venu au milieu des grands États européens, en est devenu le maître, l'arbitre. La hégémonie allemande n'est plus contestée. C'est le fait le plus marquant de la fin de notre siècle. L'Empire Allemand, créé, formé et maintenu par le génie d'un Bismarck, a su prendre en Europe une position prépondérante.

Cette position, il ne l'a pas conquise tout entière sur la France, mais aussi, mais surtout il l'a conquise sur l'Autriche et la Russie.

L'Autriche a été d'abord évincée de la Confédération germanique et ensuite enfermée dans un dilemme catégorique : ou cesser d'exister ou se soumettre à l'Allemagne. Après avoir eu quelques velléités de résistance, l'Autriche s'est soumise.

Le comte de Beust, l'homme d'État autrichien qui personnifiait l'indépendance de l'Empire Austro-Hongrois de l'Allemagne, fut brisé, et l'Autriche est entrée comme satellite dans le giron Allemand. Elle a été récompensée de sa docilité par d'immenses avantages ; elle a déjà conquis deux provinces, Bosnie et Herzégovine, presque sans coup férir, — elle qui n'était accoutumée qu'à les perdre sans espoir de retour, — et elle a encore devant elle un vaste champ de conquêtes tout tracé. Par Salonique, l'Autriche s'approche de la mer Noire, et c'est elle qui espère aujourd'hui accaparer l'héritage de la Porte-Ottomane.

L'Autriche est donc actuellement l'alliée de l'Allemagne, elle en est l'obligée. Ne scrutons pas si cette situation est normale, si elle est durable. N'interrogeons pas le fier Empereur François-Joseph, le Habsbourg, qui a dû s'incliner devant un Hohenzollern et serrer la main qui l'a châtié. Il y a peut-être des révoltes qui grondent dans les profondeurs de la conscience et des revirements inattendus qui se préparent.

Mais nous nous sommes défendu toute sorte d'hypothèse en nous posant devant le problème d'aujourd'hui : nous nous tenons devant les faits seuls.

Le premier de ces faits est, sans conteste, que l'Empire Austro-Hongrois est l'allié de l'Allemagne, mais cette alliance nouvelle ne ressemble en rien à l'ancienne, ce n'est pas l'association de deux éléments de la même nature, ce n'est plus l'alliance de deux égaux : c'est l'alliance d'un Suzerain et d'un vassal, à peu de chose près.

II

Au lendemain de la bataille de Sadova, le prince de Bismarck, avec ce coup d'œil d'aigle qui le distingue, n'a pas voulu achever sa victime et a surpris son Roi en lui imposant des ménagements et une indulgence pour le vaincu, qui ne sont pas dans les habitudes ni dans les traditions prussiennes.

La clef de cette bienveillance a pu être devinée dans la suite. L'homme d'État allemand a voulu faire de l'Autriche son aide et il a voulu s'attacher ce satellite par des bienfaits.

Sa politique envers son autre allié, envers le troisième membre de la Triple Alliance, la Russie, a été moins claire, moins décisive. Nous nous expliquons les motifs de cette politique, tout bonnement par cette circonstance que l'Autriche a été vaincue par la Prusse, et que cette dernière avait des gages à prendre et des concessions à exiger. La Russie, au contraire, n'a jamais cessé de conserver les bonnes relations avec la Prusse, et la proche parenté de deux cours, également autocrates, a su imposer à la politique des deux Empires une ligne de conduite, si ce n'est pas identiquement la même, du moins très parallèle. Il était donc difficile pour l'Empire Allemand, au lendemain de sa victoire et de son établissement nouveau, de changer ses rapports avec la Russie et d'exiger d'elle cette obéissance passive qu'il a rencontrée en Autriche. Ayant à jouer une partie différente, le Prince de Bismarck l'a jouée différemment.

Il l'a gagnée, hâtons-nous de le dire. Le Baron de Giers, le Ministre des affaires étrangères russe, qui est un diplomate remarquable, a fait un voyage à Vienne et à Berlin, est allé voir le Prince de Bismarck à Varzin, lui a porté les paroles de paix au nom de la Russie, les assurances d'amitié de son Souverain ; et les relations entre les deux Cours, les deux Gouvernements, sont devenues cordiales, intimes, attendrissantes. Des manifestations pacifiques, les paroles flatteuses, l'échange des décorations, des députations, etc.. voilà ce que nous voyons depuis deux mois. C'est un changement de décors aussi brusque qu'à l'Opéra. A la place de bruits sinistres de la guerre et d'armements, on n'entend que des paroles de paix et d'alliance.

Ainsi, le résultat est là, incontestable, impossible à nier. Nous allons voir par quels procédés et par quel concours de circonstances ce résultat considérable a été obtenu. Certainement, c'est une des pages les plus curieuses de l'histoire contemporaine.

III

Il faut se garder avec une égale vigilance de deux défauts en politique : il ne faut pas trop mépriser son adversaire, mais il ne faut pas non plus lui attribuer tous les mérites, même ceux qu'il n'a pas.

C'est cette dernière exagération dans laquelle on tombe actuellement à propos du grand Chancelier allemand. On néglige le jeu de tous les autres facteurs politiques ; c'est à lui exclusivement qu'on attribue tous les résultats survenus. On a tort.

En restant dans les limites de notre question, nous pouvons nous demander si c'est le Prince Bismarck seul qui a obtenu l'adhésion de la Russie à la nouvelle alliance de trois Empires, ou si d'autres circonstances, indépendantes de sa volonté, l'ont aidé. Cette dernière opinion est la nôtre. Nous sommes d'avis que la marche des affaires intérieures de la Russie, d'un côté, et la situation politique de la France, de l'autre, ont été les causes déterminantes de l'évolution politique qui a surpris l'Europe.

Examinons les deux éléments de la question.

La Russie a été, sous le règne d'Alexandre II, transformée de fond en combles. La grande réforme économique et sociale est un de ces faits immenses qui réagissent sur les générations à venir, comme suite immédiate, l'affranchissement des serfs a annulé la politique extérieure de la Russie. Elle avait à tout créer chez elle, le commerce, l'industrie, les finances, il leur a fallu refaire des fondations nouvelles. Tout croulait à la fois. Alexandre II n'a pas présidé jusqu'au bout à cette transformation. Il a été assassiné à mi-œuvre. Le nihilisme, cet avorton de la réforme économique, jette le trouble, la terreur et la perturbation au milieu de la Société russe. Ayant tant à faire à l'intérieur, la Russie ne peut pas se lancer hardiment dans des entreprises étrangères.

Si elle a cependant assez de force et de vitalité pour aller de l'avant en Asie et y planter les jalons de la Civilisation, en Europe elle est désarmée.

Le traité de Berlin a annulé le traité de San-Stefano. Victorieuse, la Russie s'est vue arracher par l'Allemagne neutre tous les fruits de la victoire. L'Allemagne lui a suscité sur la Péninsule balcanique un rival dangereux. Le prestige et la grandeur des Tzars a grandement diminué. La propagande au milieu des Peuples Slaves n'a plus trouvé de quoi s'alimenter.

La Russie ne pouvait rien faire, il lui était impossible d'aller de l'avant.

Impossible de déclarer la guerre à la Turquie; impossible de compter sur l'alliance des Peuples Danubiens ; impossible de jeter le gant à l'Autriche, derrière laquelle se dressait le géant Allemand.

Le moyen matériel de faire la guerre, seule, à la Turquie, à l'Autriche, à l'Allemagne lui manquait. La Russie n'était pour cela ni assez riche, ni assez bien armée et approvisionnée. Elle ne pouvait attaquer. Il ne lui séyait pas de bouder, de se tenir à l'écart plus longtemps.

Ne pouvant faire mieux, elle a préféré se soumettre.

Elle a tendu la main à l'Allemagne, et comme depuis long-temps on l'attendait, comme depuis longtemps on guettait le moment de cette abdication, on s'est empressé d'en profiter et d'enchaîner la Russie au char triomphal de l'Allemagne victorieuse.

Il n'y avait besoin d'aucune révolution en Russie pour accomplir ce mouvement tournant. Il y avait toujours un parti allemand à la Cour et au sein du Gouvernement.

Le parti slavophile est un parti qui vise aux libertés politiques intérieures. Alexandre III, ayant horreur des Nihilistes et les assimilant un peu aux Libéraux, ne veut pas entendre parler de leurs idées. Il a trouvé tout prêt, tout organisé un parti allemand, et après maints combats intérieurs, maintes hésitations, après avoir vaincu ses anciennes antipathies, il a souscrit à entrer dans le giron allemand.

C'est une abdication pour la Russie peut-être, mais elle est moins évidente que pour l'Autriche. Elle en récoltera d'emblée de grands avantages. Sa politique en Asie devient hardie et ouvertement elle proclame déjà la prise de possession de Merv. A quand le Hérat ? En Europe, elle peut respirer. Aussi longtemps qu'elle restera bien avec l'Allemagne, cette dernière empêchera l'Autriche de faire des progrès en Turquie. La question de l'avenir des Peuples Slaves gravitant autour de la Russie est réservée. Le spectre du rétablissement tel-quel de la Pologne l'inquiète moins actuellement. Une fois de plus, cette question se trouve ajournée par l'adhésion de la Russie à la triple alliance. Les Polonais, pour le moment, ne peuvent rien attendre que de l'initiative personnelle de l'Empereur de Russie. Tous les projets de réformes intérieures en Pologne dépendent désormais, plus que jamais, du bon plaisir de la Couronne et de ses Conseils. Au point de vue intérieur, la Russie peut concentrer toute son activité à la solution des problèmes intérieurs. Elle peut diminuer le contingent de son armée. Déjà, les régiments qui étaient échelonnés le long de la frontière allemande sont rentrés chez eux. Les finances s'améliorent, et l'on sait combien ce point tient à cœur du Tzar Alexandre III. Finalement, l'alliance ressuscitée, les trois Empires, également menacés par la hydre anarchiste, peuvent se concerter pour lui opposer l'action de la police commune. Déjà, il n'est bruit de tout côté que de son organisation.

La Russie tirera donc des avantages incontestables en tendant la main à l'Allemagne. Ces avantages sont, en plus, immédiats. C'est un grand élément de succès pour la politique pratique et à courte vue qui prédomine actuellement. Qui sait ce que nous réserve l'avenir? Pensons à l'heure présente. Au lieu d'une guerre incertaine, terrible et chanceuse, la Russie récolte d'ores et déjà.

Et que donne-t-elle à l'Allemagne en revanche, comme contre-parti?

Elle ne donne rien ou presque rien. Elle fait une simple déclaration: elle promet d'abandonner la France et de se tenir loin d'elle.

IV

Nous voilà ramené au dernier point de notre déduction, à la France.

Depuis la guerre de 1871 et depuis l'établissement de la République chez elle, la France a cessé de jouer un rôle dans le concert Européen.

La France est isolée. Elle menace l'Allemagne par ses projets de revanche, et l'Europe est forcée de choisir entre elle et l'Allemagne. Faut-il s'étonner qu'elle a choisi l'Allemagne?

On préfère généralement se tenir du côté du manche. La force est un aimant qui attire. L'Allemagne a donc gagné d'abord l'Autriche, nous avons vu, comment. Elle a gagné l'Italie, qui tourne avec admiration ses regards du côté du soleil levant, et oublie, sans le moindre effort, les inappréciables services que la France lui a naguère rendus. Elle a gagné l'Espagne. Le Roi Alphonse, sur son trône vacillant, se grandit à ses propres yeux, en s'inclinant devant l'Empereur Guillaume, le doyen des Souverains de l'Europe. Les autres Rois de création récente, les Rois de Serbie et de Roumanie, sont des humbles figurants dans le cortège, mais font nombre néanmoins. La France ne peut compter sur aucun. L'Union scandinave n'existe pas, est impuissante, la Hollande n'existe pas au point de vue international. Il nous reste l'Angleterre, c'est vrai, cette Angleterre dont la France se flattait d'être l'amie intime. Nous ne savons pas, ni ne voulons savoir si l'Angleterre a jamais ressenti pour la France une amitié réelle, mais nous sommes absolument sûr, que cette amitié n'existe pas à l'heure qu'il est. L'Angleterre envisage tous les pays du globe comme lui appartenant par droit de conquête commerciale. Elle veut les accaparer tous. Or, la France a montré dans les dernières années quelques velléités de fonder des colonies, elle a pris tour à tour Tunis, le Tonkin, l'Anam, elle veut s'emparer du Congo et de Madagascar. L'Anglais est jaloux, l'Anglais se fâche, l'Anglais intrigue et suscite des obstacles à la France. Ce n'est pas l'Angleterre qui deviendrait l'Alliée de la France dans aucune guerre continentale, vu qu'elle ne s'y mêle pas par principe et qu'elle s'y mêlerait encore moins maintenant, quand la France se met en travers de sa politique commerciale. L'Angleterre ayant sur son trône des Princes Allemands, n'ira peut-être pas jusqu'à se lier avec l'Allemagne contre la France, mais certainement et en aucun cas elle ne se mettrait pas à côté de cette dernière, à l'heure du danger.

Ainsi donc, la France est seule et bien seule. Il n'y avait pour elle qu'une seule alliée possible en Europe, et cette alliée, c'était la Russie. Il y avait entre les deux Peuples des sympathies réelles et traditionnelles. Ces sympathies auraient pu, les circonstances aidant, devenir et se changer en alliance réciproque, sérieuse et utile.

Mais il ne faut pas oublier une circonstance : La Russie est gouvernée par un Tzar absolu, la France est une République démocratique en attendant qu'elle ne devienne socialiste ou anarchiste. Comme il y a une incompatibilité d'humeur dans le mariage qui autorise la séparation, ainsi il y a aussi une incompatibilité de former un gouvernement qui ne permet pas une alliance cordiale. La Russie autocrate ne peut retenir dans sa main, la main gantée de rouge de la France d'aujourd'hui. Il y a des faits probants.

Qui ne se rappelle la défiance traditionnelle qu'on professait à la Cour autocrate de Russie, contre les idées révolutionnaires Françaises ? L'Empereur Nicolas n'avait-il par coutume de dire que les décembristes, les révolutionnaires russes de 1825 ont apporté de leur séjour en France le germe des idées subversives qui a éclaté si bruyamment et si inutilement en Russie. Plus près de nous, nos lecteurs peuvent se rappeller que le Tzar actuel, a passé quatre mois avant son avènement au Trône, quelques semaines à Paris et qu'il n'a pas dissimulé ses antipathies pour les Républicains. Malgré toute les tentatives faites par Gambetta, il ne lui a pas accordé d'audience. Dernièrement, Mme Juliette Lamber a voulu planter à St-Pétersbourg le premier jalon de l'alliance Russo-Française. On a pu admirer les illusions patriotiques et les généreuses tendances de son esprit brillant, mais personne n'a pris sa mission au sérieux.

La France ne pouvait se liguer avec la Russie que temporairement, dans un but strictement délimité, et longtemps on a cru en France que l'objet déterminé de cette alliance serait justement la guerre contre l'Allemagne. Pris entre deux feux, les Allemands auraient dû s'avouer vaincus. Nous ne voulons rien dire des hasards d'une guerre pareille et nous ne voulons trancher laquelle des deux forces, de celle de l'Allemagne appuyée sur la coalition de toute l'Europe, ou de celle de la ligue Franco-Russe, qui serait plus apte à remporter la victoire? Si le but était net et précis devant la France et le profit palpable, la Russie n'en pouvait pas dire autant; elle avait plus à risquer qu'à gagner dans une campagne contre l'Allemagne, elle n'avait pas le courage de surmonter ses antipathies républicaines et en renversant l'échafaudage périlleux des Shobeleff, Loris Melinoff et Ignatieff, elle a franchement adopté le programme pacifique de M. de Giers et abandonnant la France à elle-même, elle s'est jetée dans les bras de l'Allemagne toute puissante.

V

Ainsi donc, la nouvelle Triple Alliance reconstituée, le Prince de Bismarck a couronné son œuvre, et le cycle de sa politique a décrit une courbe complète. Les événements ont travaillé pour lui. L'alliance de trois Cours et de trois Gouvernements se trouve scellée à Berlin. La prépondérance de l'Allemagne est évidente, palpable, indiscutable ; personne des intéressés ne la met en doute. Comme nous avons dit précédemment, là gît la différence essentielle de l'alliance actuelle et de la précédente.

L'Allemagne joue le rôle d'un médiateur et d'un arbitre. Il y a entre la Russie et l'Autriche trop d'éléments de discorde et d'animosité, éléments anciens et récents, pour que ces deux puissances et ces deux nations puissent jamais se rapprocher intimement. C'est l'Empire Allemand qui prend sur lui la thèse, difficile, mais nullement insurmontable pour les talents d'un Bismarck, de les réconcilier. Une trêve, si ce n'est pas plus, voilà ce que pourra y gagner l'Europe.

La Triple Alliance a un caractère pacifique, il ne faut pas s'y tromper. C'est là la circonstance qui peut plaider en sa faveur même auprès des esprits les plus prévenus. Aussi longtemps que les trois gouvernements Impériaux marcheront de concert, aucune conflagration guerrière n'est à craindre. Cela saute aux yeux.

« L'Empire, c'est la paix, » disait autrefois Napoléon III tout en donnant un démenti constant par les faits à cette parole ambitieuse.

« Les Empires, c'est la paix ! » Peut dire avec plus de raison aujourd'hui le grand homme d'État qui a amené cette œuvre considérable à un résultat définitif.

Quelle forme a prise cette alliance ? voilà une question qui ne nous touche que peu. S'est-on borné à l'échange des protocoles, aux notes identiques, s'est-on réservé une liberté d'action illimitée à l'exclusion de quelques points fixes, l'entente est-elle coercitive ou simplement facultative, a-t-elle un temps strictement délimité, ou est-elle indéfinie ? voilà toute une série de questions qu'on serait bien aise de pouvoir trancher et dont la science du droit international nous permettrait facilement de tirer des conclusions précises.

Mais nous sommes réduits aux simples conjectures à ce sujet et les seules sources officielles que nous avons à ce sujet, nous viennent des indiscrétions commises par un Ministre Autrichien sur la tribune de la diète Hongroise.

L'incertitude peut durer longtemps. La meilleure preuve de cela peut nous être fournie par l'Italie. Ce n'est que tout dernièrement qu'on a appris le rôle exact qu'elle joue parmi les gouvernements groupés autour de l'Empire Allemand. Nous savons maintenant qu'elle n'est pas tenue à prendre part à la guerre éventuelle entre la France et l'Allemagne. Espérons que la même situation sera celle de la Russie, et que le but que vise le Prince de Bismarck, est de créer une ligne des neutres.

C'est là la meilleure éventualité sur laquelle la France peut compter. Mais, même cette ligne des neutres, même une alliance de ce genre peut se montrer exigeante et hostile à la France.

La France donc — car c'est à elle que nous voulons revenir — ne peut que regarder ce concert de Puissances Monarchiques avec la plus scrupuleuse attention. Elle ne peut rien contre ce rempart formidable. Elle peut en revanche en être menacée. Elle peut l'être de deux manières.

La Triple Alliance peut exiger de la France qu'elle désarme, et elle peut l'exiger, au nom de la paix qu'elle menacerait seule, au nom des finances Européennes qu'elle épuiserait par les préparations continuelles à une guerre meurtrière. Cette proposition de désarmement peut prendre des formes conciliantes ou impératives, mais dans un cas ou dans l'autre, que peut faire d'autre la France, que de s'y soumettre? Elle ne peut jeter le gant à l'Europe entière, elle ne peut la provoquer sans aucune raison. Elle est condamnée à subir l'humiliation d'une injonction catégorique.

La Triple Alliance peut demander à la France compte de l'agitation anarchiste. Paris, aux yeux des Empereurs, est le foyer de l'agitation socialiste incessante, et les États Monarchiques et réactionnaires, peuvent demander au gouvernement Français quelles mesures il compte prendre pour les préserver de la peste qui de Paris se déverse sur l'Europe. Il ne sera permis au gouvernement Républicain ni d'entrer dans l'association contre l'élément anti-social, ni d'offrir ses services, ni même d'assurer de sa neutralité. Il sera soumis aux exigences les plus dures, il essuiera les reproches les plus sanglants et finalement il verra une sorte de cordon sanitaire tracé autour de ses frontières.

Il n'est pas à nier : La nouvelle Triple Alliance, tout en n'étant pas dirigée contre la France, n'atteint réellement et n'est que préjudiciable qu'à elle seule.

Et cependant, l'idée de se rapprocher de son ennemi d'hier, n'a pas attendu en France, le moment d'éclosion de la nouvelle Triple Alliance. Cette idée a été émise il y a quelques années par un des esprits les plus brillants, les plus perspicaces, mais en même temps le plus paradoxal qu'il en fût jamais : nous avons nommé Emile de Girardin. Ce publiciste de génie, mais sans boussole, le même qui le premier a fanatiquement crié « à Berlin à Berlin ! » la veille de la guerre de 1870, a aussi le premier demandé de se réconcilier avec l'Allemagne et les puissances gravitant autour d'elle. Il n'a pas creusé cette idée, comme n'étant pas encore à l'heure, comme d'une réalisation prématurée. Depuis, cette idée a été par-ci et par-là émise, et abandonnée aussitôt qu'émise. L'esprit public en France n'est pas assez calme, assez pondéré pour se poser devant un problème aussi complexe, et les sentiments chevaleresques, la fibre patriotique de la nation sont trop facilement excitables pour faire une volte-face si brusque et si décisive.

La supposition que la France se reconcilie spontanément, de bon gré avec l'Allemagne, qu'elle renonce à ses provinces arrachées de son sein, nous paraissait par conséquent de tout temps difficile à admettre.

Mais si à la longue la France, doit se soumettre aux exigences de la Triple Alliance, il serait peut-être politique, ne pouvant pas tendre la main à l'Allemagne, d'admettre dorénavant la possibilité d'un rapprochement avec la triple alliance, rapprochement dont le facteur principal serait la Russie.

VI

Ici il nous faut distinguer. Ce n'est pas la France qui est atteinte par la Triple Alliance, c'est la République.

Si nous nous placions, par une hypothèse qui n'a rien d'inadmissible, en présence d'une France monarchique, nous verrions immédiatement un changement complet de front.

La France Républicaine ne pouvait obtenir l'alliance de la Russie autocrate. Ce serait facile pour la France monarchique. On a beaucoup parlé, il y a quelques mois, d'un mariage entre un frère de l'Empereur de Russie et la fille du Comte de Paris. Différé ou abandonné, ce projet ressusciterait immédiatement et ajouterait à la communauté d'intérêts la solidarité de familles régnantes.

La France n'aurait pas besoin de solliciter les alliances, elles viendraient à elle toutes seules. Toutes les Cours Européennes sont alliées entre elles, et rien ne serait plus aisée que de trouver pour la France ressuscitant de ses ruinés, un appui bienveillant et sympathique des nations voisines.

On n'aurait pas besoin de craindre de la France monarchique ni propagande anarchiste ni guerre étrangère. La propagande anarchiste n'aurait plus de raison d'être, la France étant revenue aux saines traditions de son passé dix fois séculaire ; les guerres seraient d'autant moins de mise que la France aurait bien des plaies à cicatriser.

L'Europe n'aurait pas besoin de se défier de la France. On lui ouvrirait les rangs et on l'accueillerait dans le concert des grandes puissances, où elle aurait de nouveau conquis sa place.

Nous irons même plus loin. La France n'a qu'un grief contre l'Allemagne : c'est la possession de l'Alsace et de la Lorraine.

Si l'Allemagne a outrepassé ses droits et pris, au lendemain de la guerre, plus qu'elle ne demandait elle-même autrefois, qui nous dit qu'elle ne reviendrait pas à d'autres sentiments et qu'elle ne rendrait à la France pacifique, monarchique et amie, Metz et la Lorraine. C'est un rêve, nous dira-t-on. Peut-être ! Mais nous le préférons au rêve de sang et de carnage qui hante notre repos actuel.

Dans tous les cas, la France monarchique trouverait des alliés plus facilement, et s'il lui convenait de chercher sur les champs de bataille un sort meilleur que celui qui lui était réservé dans la dernière guerre, on peut comprendre qu'elle la fasse alors, mais alors seulement.

VII

Nous voilà arrivé au terme de notre travail. Nous avons voulu montrer au lecteur l'importance capitale de la nouvelle Triple Alliance et le changement qu'elle a introduit dans la politique internationale.

Nous croyons avoir démontré en même temps que la *France républicaine* seule en est atteinte.

Le centre de la gravité politique n'est plus en France ; au lieu de donner l'impulsion, la France la reçoit, au contraire, de l'étranger.

Il paraît donc urgent, dans cet état de chose, de se tenir au courant de ce qui s'y fait et de ce qui s'y trame. Être bien renseigné à ce sujet devient une chose d'intérêt national. Il serait hautement à désirer qu'un organe paraisse qui soit à même de renseigner sérieusement le public sur la politique étrangère. La presse française, absorbée comme elle l'est par des questions intérieures, n'y prête pas une attention suffisante.

Et cependant, plus que jamais, la question slave allemande, orientale et autres sont liées à l'avenir de la France.

Au lieu de raviver les haines et de creuser le fossé entre les nations, un journal international dans le sens, *comme nous l'indiquons ici,* servirait la cause du progrès et de la paix.

Nous voudrions encourager quelques plumes habiles et bien intentionnées, quelques influences jusqu'ici restées inutiles à tenter l'aventure. Ils peuvent être certains de servir ainsi une bonne cause.

A. Gar :

Paris, Avril 1884.

4-84 1573. — Paris. Typ. Morris, Père et Fils, rue Amelot, 64.

MORRIS PERE & FILS IMPRIMEUR PARIS

www.ingramcontent.com/pod-product-compliance
Lightning Source LLC
Chambersburg PA
CBHW061453050726
47593CB00004B/1573